João Paulo II

Aparecida Matilde Alves, fsp

# João Paulo II
Novena, história e orações

Citações bíblicas: *Bíblia Sagrada*, tradução da CNBB, 7. ed., 2008.

Editora responsável: *Andréia Schweitzer*
Equipe editorial

1ª edição – 2012
4ª reimpressão – 2021

---

*Nenhuma parte desta obra poderá ser reproduzida ou transmitida por qualquer forma e/ou quaisquer meios (eletrônico ou mecânico, incluindo fotocópia e gravação) ou arquivada em qualquer sistema ou banco de dados sem permissão escrita da Editora. Direitos reservados.*

---

**Paulinas**
Rua Dona Inácia Uchoa, 62
04110-020 – São Paulo – SP (Brasil)
Tel.: (11) 2125-3500
http://www.paulinas.com.br – editora@paulinas.com.br
Telemarketing e SAC: 0800-7010081
© Pia Sociedade Filhas de São Paulo – São Paulo, 2012

# Introdução

Karol Wojtyla, chamado carinhosamente pela mãe de Lolek, nasceu em Wadowice, na Polônia, em 18 de maio de 1920. Ficou órfão de mãe aos 9 anos. Desde bem jovem, acostumou-se a praticar esportes, nadava no rio, jogava futebol, gostava de cantar.

Quando tinha 19 anos, a Polônia foi ocupada pela Alemanha de Hitler e pela União Soviética de Stalin, que a dividiram entre si. Karol tinha amigos judeus, que foram presos e enviados para os campos de concentração. Nessa época, frequentava um grupo de teatro clandestino chamado Teatro Rapsódico, que era uma forma de manter acesas as chamas da religiosidade e do nacionalismo dos poloneses, um povo bastante católico.

Wojtyla entrou no seminário clandestinamente aos 22 anos, após ouvir o chamado de Deus. Foi ordenado sacerdote em 1º de novembro de 1946, na Arquidiocese de Cracóvia. Em 1958 foi sagrado bispo, tornando-se bispo auxiliar, e em 1964 foi nomeado arcebispo da mesma diocese. Em 1967 foi feito cardeal pelo Papa Paulo VI.

Seu vigor físico impressionava a todos, pois costumava praticar ciclismo, alpinismo, esqui, longas marchas a pé, canoagem em caiaques. Gostava, portanto, de atividades ao ar livre e isso continuou, mesmo depois de ter se tornado papa, em 1978, quando assumiu o nome de João Paulo II.

Primeiro papa não italiano em quase 500 anos, João Paulo II teve o terceiro pontificado mais longo da história (quase 27 anos). Foi o papa que mais canonizou santos e também o que mais viajou. Foi chamado, por isso, de "o Peregrino de Deus, o Peregrino da Paz". Visitou muitíssimos países, povos e nações e a todos fazia ecoar as suas primeiras palavras pronunciadas na homilia do início do seu pontificado em outubro de 1978: "Abri as portas para o Senhor! Abri as portas, ou melhor, escancarai as portas para o Senhor. Não tenhais medo de Jesus Cristo".

Muito carismático, ficou conhecido como "o Papa dos jovens". Conviveu com a dor e o sofrimento desde cedo, mas, com seu exemplo, nos ensinou a superar todas as dificuldades para permanecermos fiéis no anúncio do Evangelho de Cristo.

Em 13 de maio de 1981, João Paulo II sofreu um terrível atentado, em plena Praça São Pedro. Os dois tiros que levou o deixaram entre a vida e a morte, mas felizmente sobreviveu, atribuindo sua salvação à proteção de Nossa Senhora de Fátima, que naquele dia era festejada.

No ano de 2000, ano do Grande Jubileu e do Perdão, o Papa convidou a todos para entrar no terceiro milênio da encarnação e nascimento de Jesus Cristo com festas e solenidades, mas sem deixar de lembrar o perdão, a reconciliação com Deus e com os irmãos. Ele mesmo foi ao encontro dos judeus e colocou no muro do templo, em Jerusalém, o pedido de perdão e reconciliação de toda a Igreja. Convidou as religiões e Igrejas Cristãs ao encontro da paz, em Assis, colocando em prática os documentos do Concílio Vaticano II, do qual era fiel sustentáculo e incentivador.

No dia 2 de abril de 2005, véspera do Segundo Domingo da Páscoa – o Domingo da Divina Misericórdia – o Papa João Paulo II, após muitos sofrimentos físicos, entregou sua alma a Deus.

O lema que o Cardeal Wojtyla, de Cracóvia, tinha escolhido era composto de duas palavras: – *Totus tuus* – início de um hino de louvor e súplica à Santíssima Virgem Maria, a quem o Papa dedicara toda a sua vida e a quem se consagrou, impulsionando a devoção mariana no século XX. *Todo teu sou, ó Maria!* Assim ele viveu e morreu, sempre convidando a todos a buscar e a viver a santidade.

No dia do seu sepultamento, juntou-se em Roma uma multidão de mais de quatro milhões de pessoas vindas de todas as partes do mundo. Era bela e inusitada a afluência de tantos jovens ao enterro do "velho" Papa. Diante da Basílica de São Pedro, junto de seu corpo, bispos, sacerdotes, religiosos e autoridades civis, até mesmo de países em conflito, foram congregados e relembrados de sua mensagem de paz. O povo aclamava: "Santo subito" – Santo já, agora, imediatamente!

O Cardeal que presidiu, no dia 8 de abril de 2005, a solene missa de Exéquias, Joseph Ratzinger, dias depois foi eleito o sucessor de João Paulo II, tomando o nome de Bento XVI. No dia 1º de maio de 2011, dia do Trabalhador e Domingo da Divina Misericórdia, o desejo do povo foi atendido e Bento XVI proclamou Bem-aventurado o Papa João Paulo II.

Apenas três anos depois, em 27 de abril de 2014, o Papa Francisco – eleito em 13 de março de 2013 em sucessão ao Papa Bento XVI, que abdicara ao papado em 28 de fevereiro – oficializou a canonização de João Paulo II, após o reconhecimento de um milagre atribuído à intercessão dele. O Papa João XXIII também foi declarado santo na mesma cerimônia. Juntos, os dois simbolizam a abertura para o mundo e a confiança de ser católico.

"Estes foram dois homens de coragem [...] e deram testemunho diante da Igreja e do mundo da bondade e misericórdia de Deus", disse Francisco. "Eles viveram os trágicos acontecimentos do século XX, mas não foram oprimidos por eles. Para eles, Deus era mais poderoso, a fé era mais poderosa."

Hoje, felizes, fazemos ecoar por todo o mundo: São João Paulo II, rogai por nós! Rogai ao Altíssimo por sua Igreja, que peregrina neste mundo rumo ao Reino dos Céus. Que sua intercessão seja propícia a todos nós, que caminhamos neste "vale de lágrimas".

# PRIMEIRO DIA

## "Tu és Pedro"

Em nome do Pai, do Filho e do Espírito Santo. Amém.

Oração

Ó Trindade Santa, nós vos agradecemos por ter dado à Igreja o Papa João Paulo II e por ter feito resplandecer nele a ternura da vossa paternidade, a glória da cruz de Cristo e o esplendor do Espírito de Amor. Confiando totalmente na vossa infinita misericórdia e na materna intercessão de Maria, ele foi para nós uma imagem viva de Jesus Bom Pastor, indicando-nos a santidade como a mais alta medida da vida cristã ordinária, caminho para alcançar a comunhão eterna convosco. Segundo a vossa vontade,

concedei-nos, por sua intercessão, a graça que imploramos. Amém.[1]

## Palavra de Deus

"Tu és Pedro, e sobre esta pedra edificarei a minha Igreja, e as forças do Inferno não poderão vencê-la. Eu te darei as chaves do Reino dos Céus: tudo o que ligares na terra será ligado nos céus, e tudo o que desligares na terra será desligado nos céus" (Mt 16,18-19).

## Palavra de João Paulo II

"Exprimo a mais profunda confiança de que, apesar de toda a minha fraqueza, o Senhor me concederá as graças necessárias para enfrentar, segundo a sua vontade, todas as provações e sofrimentos que ao longo da vida queira pedir a seu servo. Também confio que jamais permitirá que eu,

---

[1] Oração composta pelo Cardeal Agostinho Vallini.

através de meus atos ou omissões, possa trair as minhas obrigações nesta Santa Sé de Pedro" (texto extraído de seu Diário).

### Rezemos

Deus nosso Pai, para que possamos sempre voltar a vós e ser fiéis em nossa vocação cristã, precisamos contar com a vossa misericórdia e o vosso amor sem limite. Infinita é a vossa prontidão para perdoar nossos pecados, e inefável é o sacrifício do vosso Filho. Com confiança, vos pedimos, ó Pai, que deixai-nos desfrutar da intercessão da testemunha incansável e apóstolo de vossa misericórdia, São João Paulo II, concedendo-nos as graças que nesta novena vos pedimos (*fazer o pedido*). Por Cristo Senhor nosso. Amém.

Pai-Nosso, Ave-Maria, Glória-ao-Pai.

# SEGUNDO DIA

## "A verdade vos libertará"

Em nome do Pai, do Filho e do Espírito Santo. Amém.

Oração

Ó Trindade Santa, nós vos agradecemos por ter dado à Igreja o Papa João Paulo II e por ter feito resplandecer nele a ternura da vossa paternidade, a glória da cruz de Cristo e o esplendor do Espírito de Amor. Confiando totalmente na vossa infinita misericórdia e na materna intercessão de Maria, ele foi para nós uma imagem viva de Jesus Bom Pastor, indicando-nos a santidade como a mais alta medida da vida cristã ordinária, caminho para alcançar a comunhão eterna convosco. Segundo a vossa vontade,

concedei-nos, por sua intercessão, a graça que imploramos. Amém.

## Palavra de Deus

"O meu reino não é deste mundo. Se o meu reino fosse deste mundo, os meus guardas lutariam para que eu não fosse entregue aos judeus. [...] Eu nasci e vim ao mundo para isto: para dar testemunho da verdade" (Jo 18,36). "[...] Quem pratica a verdade se aproxima da luz, para que suas ações sejam manifestadas, já que são praticadas em Deus" (Jo 3,20-21).

## Palavra de João Paulo II

"A missão cristã tende sempre a fazer conhecer a verdade, e o verdadeiro amor pelo próximo se manifesta em sua forma mais completa e profunda quando dá ao próximo aquilo de que o ser humano tem mais necessidade: o conhecimento da verdade... mistério de Deus uno e trino revelado em Cristo" (Discurso para a Congregação para a Doutrina da Fé, 24/10/1997).

Rezemos

Deus nosso Pai, para que a Igreja se volte realmente para vós, colocando a sua esperança em Cristo, testemunhando vosso amor infinito e misericordioso pela humanidade, vinde em auxílio de todos os cristãos para que naveguem nas águas mais profundas da verdade, da justiça e da caridade. Despertai-nos para o serviço do vosso Reino. Fazei, ó Pai, que inspirados na doação incansável de São João Paulo II, padroeiro e inspirador da nova evangelização, vossos discípulos e missionários, sacerdotes, religiosos e leigos, sejam solícitos em sua missão, e concedei-nos também esta graça que agora vos pedimos (*fazer o pedido*). Por Cristo, Senhor nosso. Amém.

Pai-Nosso, Ave-Maria, Glória-ao-Pai.

# TERCEIRO DIA

### "Deus nos ama"

Em nome do Pai, do Filho e do Espírito Santo. Amém.

Oração

Ó Trindade Santa, nós vos agradecemos por ter dado à Igreja o Papa João Paulo II e por ter feito resplandecer nele a ternura da vossa paternidade, a glória da cruz de Cristo e o esplendor do Espírito de Amor. Confiando totalmente na vossa infinita misericórdia e na materna intercessão de Maria, ele foi para nós uma imagem viva de Jesus Bom Pastor, indicando-nos a santidade como a mais alta medida da vida cristã ordinária, caminho para alcançar a comunhão eterna convosco. Segundo a

vossa vontade, concedei-nos, por sua intercessão, a graça que imploramos. Amém.

## Palavra de Deus

"Deus amou tanto o mundo, que deu o seu Filho único, para que todo o que nele crer não pereça, mas tenha a vida eterna. Pois Deus enviou o seu Filho ao mundo, não para condenar o mundo, mas para que o mundo seja salvo por ele" (Jo 3,16-17).

## Palavra de João Paulo II

"Com a revelação do Pai e a efusão do Espírito Santo [...] no mistério da Redenção se explica o sentido da cruz e da morte de Cristo. O Deus da criação revela-se como Deus da redenção, como Deus fiel a si próprio, fiel ao seu amor para com o ser humano e para com o mundo [...]. Esta revelação do amor é definida também como misericórdia; e a revelação do amor e da misericórdia tem na história da humanidade uma forma e um nome: chama-se Jesus Cristo" (*Redemptor Hominis*, n. 9).

Rezemos

Deus nosso Pai, sois amor e fostes o primeiro a nos amar. Vosso Filho se fez homem para nossa salvação e, revelando-nos a verdade sobre o amor, nos permitiu compreender a nós mesmos e descobrir o sentido da nossa existência. Nós vos pedimos, Pai, que João Paulo II continue a se manifestar defensor incansável da dignidade humana, bom pastor em busca das almas perdidas na confusão da vida e mergulhadas no desespero, modelo de santidade para todos. Por sua intercessão, concedei-nos a graça que vos pedimos (*fazer o pedido*). Por Cristo Senhor nosso. Amém.

Pai-Nosso, Ave-Maria, Glória-ao-Pai.

# QUARTO DIA

## "Família, santuário da vida"

Em nome do Pai, do Filho e do Espírito Santo. Amém.

Oração

Ó Trindade Santa, nós vos agradecemos por ter dado à Igreja o Papa João Paulo II e por ter feito resplandecer nele a ternura da vossa paternidade, a glória da cruz de Cristo e o esplendor do Espírito de Amor. Confiando totalmente na vossa infinita misericórdia e na materna intercessão de Maria, ele foi para nós uma imagem viva de Jesus Bom Pastor, indicando-nos a santidade como a mais alta medida da vida cristã ordinária, caminho para alcançar a comunhão eterna convosco. Segundo a vossa vontade,

concedei-nos, por sua intercessão, a graça que imploramos. Amém.

## Palavra de Deus

"Sua mãe lhe disse: 'Filho, por que agiste assim conosco? Olha, teu pai e eu estávamos, angustiados, à tua procura!'. Ele respondeu: 'Por que me procuráveis? Não sabíeis que eu devo estar naquilo que é de meu Pai?'. Eles, porém, não compreenderam a palavra que ele lhes falou. Jesus desceu, então, com seus pais para Nazaré e era obediente a eles" (Lc 2,48-51).

## Palavra de João Paulo II

"Consciente de que o matrimônio e a família constituem um dos bens mais preciosos da humanidade, a Igreja quer fazer chegar a sua voz e oferecer a sua ajuda a quem, conhecendo já o valor do matrimônio e da família, procura vivê-lo fielmente, a quem, incerto e ansioso, anda à procura da verdade e a quem está impedido de viver livremente o próprio projeto familiar" (*Familiaris Consortio*, n. 1).

Rezemos

Deus nosso Pai, vosso eterno desígnio de salvação atingiu a sua plenitude quando o vosso Filho amado veio ao mundo através da Sagrada Família. Confiamos a vós nossas famílias e todas as famílias do mundo. Que a oração, o amor, o respeito pela vida e a preocupação saudável para com a juventude façam parte de nossa vida. E vos pedimos humildemente que, pela intercessão de São João Paulo II, defensor incansável dos direitos da família, possamos ser fortalecidos pela vossa graça (*fazer o pedido*). Por Cristo Senhor nosso. Amém.

Pai-Nosso, Ave-Maria, Glória-ao-Pai.

# QUINTO DIA

"Jesus está sempre conosco"

Em nome do Pai, do Filho e do Espírito Santo. Amém.

Oração

Ó Trindade Santa, nós vos agradecemos por ter dado à Igreja o Papa João Paulo II e por ter feito resplandecer nele a ternura da vossa paternidade, a glória da cruz de Cristo e o esplendor do Espírito de Amor. Confiando totalmente na vossa infinita misericórdia e na materna intercessão de Maria, ele foi para nós uma imagem viva de Jesus Bom Pastor, indicando-nos a santidade como a mais alta medida da vida cristã ordinária, caminho para alcançar a comunhão eterna convosco. Segundo a

vossa vontade, concedei-nos, por sua intercessão, a graça que imploramos. Amém.

Palavra de Deus

"Em verdade, vos digo: todas as vezes que fizestes isso a um destes mais pequenos, que são meus irmãos, foi a mim que o fizestes!" (Mt 25,40).

Palavra de João Paulo II

"Jesus vive ao vosso lado, nos irmãos com quem partilhais a existência cotidiana. O seu rosto é aquele dos mais pobres, dos marginais, vítimas geralmente de um injusto modelo de desenvolvimento que põe o lucro em primeiro lugar e faz do ser humano um meio, em vez de um fim. A casa de Jesus está aí em todo lugar onde uma pessoa sofre pelos seus direitos negados, pelas suas esperanças traídas, pelas suas angústias ignoradas. Aí, entre os homens, está a casa de Cristo, que vos pede para enxugar, em seu nome, cada lágrima e recordar a quem se sente só, que ninguém está só se puser nele a sua própria esperança" (cf. Mt 25,31-46).

Rezemos

Deus nosso Pai, desde nossa juventude Jesus nos convidou a segui-lo. Em vosso Filho, a juventude tem um mestre que ensina como tornar-se nova pessoa, vivendo na fé sua vocação, construindo a cultura do amor. Nós vos pedimos pelos nossos jovens, que não se deixem escravizar pelos desejos cegos e o amor enganador, que sejam capazes de renunciar às coisas mundanas, no serviço do vosso Reino. Que São João Paulo II, que procurou os jovens e foi por eles procurado, que verdadeiramente os amava e foi por eles amado, seja seu modelo e patrono no coro dos santos e

os anime em sua vocação (*fazer o pedido*).
Por Cristo Senhor nosso. Amém.
 Pai-Nosso, Ave-Maria, Glória-ao-Pai.

# SEXTO DIA

## "Sim"

Em nome do Pai, do Filho e do Espírito Santo. Amém.

Oração

Ó Trindade Santa, nós vos agradecemos por ter dado à Igreja o Papa João Paulo II e por ter feito resplandecer nele a ternura da vossa paternidade, a glória da cruz de Cristo e o esplendor do Espírito de Amor. Confiando totalmente na vossa infinita misericórdia e na materna intercessão de Maria, ele foi para nós uma imagem viva de Jesus Bom Pastor, indicando-nos a santidade como a mais alta medida da vida cristã ordinária, caminho para alcançar a comunhão eterna convosco. Segundo a

vossa vontade, concedei-nos, por sua intercessão, a graça que imploramos. Amém.

## Palavra de Deus

"O anjo disse: 'O Espírito Santo descerá sobre ti, e o poder do Altíssimo te cobrirá com a sua sombra [...].' Maria disse: 'Eis aqui a serva do Senhor! Faça-se em mim segundo a tua palavra'" (Lc 1,35-38).

## Palavra de João Paulo II

"Jesus Cristo é o protagonista em toda a obra de redenção humana [...]. 'O Verbo se fez carne e veio habitar entre nós' [...] Lá na Galileia, dentro da casa humilde de Nazaré, ao lado do Arcanjo Gabriel que leva o anúncio e de Maria que o recebe, está ele, que precisamos entrever com os olhos atentos da fé: é ele precisamente o conteúdo do anúncio. Nós invocaremos o anjo [...] invocaremos e louvaremos Maria [...] mas, no centro destes dois personagens, deveremos sempre perceber, invocar, louvar, ou melhor, adorar o anunciado Filho de Deus" (Audiência Geral, 23/3/1983).

Rezemos

Deus nosso Pai, através da sua encarnação, paixão e morte na cruz, vosso Filho tomou sobre si todo o mal do mundo, dando ao sofrimento humano um novo significado. Em nome desse Amor, que foi capaz de assumir o sofrimento sem qualquer culpa, nós vos pedimos que pela intercessão de São João Paulo II, que, ao servir o povo de Deus, foi marcado com os estigmas do martírio, concedei a todos que sofrem no corpo e na alma o conforto da vossa graça (*fazer o pedido*). Por Cristo Senhor nosso. Amém.

Pai-Nosso, Ave-Maria, Glória-ao-Pai.

# SÉTIMO DIA

## "Ave, Maria!"

Em nome do Pai, do Filho e do Espírito Santo. Amém.

Oração

Ó Trindade Santa, nós vos agradecemos por ter dado à Igreja o Papa João Paulo II e por ter feito resplandecer nele a ternura da vossa paternidade, a glória da cruz de Cristo e o esplendor do Espírito de Amor. Confiando totalmente na vossa infinita misericórdia e na materna intercessão de Maria, ele foi para nós uma imagem viva de Jesus Bom Pastor, indicando-nos a santidade como a mais alta medida da vida cristã ordinária, caminho para alcançar a comunhão eterna convosco. Segundo a

vossa vontade, concedei-nos, por sua intercessão, a graça que imploramos. Amém.

## Palavra de Deus

"A minha alma engrandece o Senhor, e meu espírito se alegra em Deus, meu Salvador, porque ele olhou para a humildade de sua serva. Todas as gerações, de agora em diante, me chamarão feliz, porque o Poderoso fez para mim coisas grandiosas. O seu nome é santo" (Lc 1,47-49).

## Palavra de João Paulo II

"A presença de Maria na economia de Deus se propaga quando se propaga o mistério da humanidade de Cristo, sacramento vivo da unidade e da salvação do gênero humano. Por onde quer que Cristo irradie sua ação salvífica, lá está misteriosamente a Mãe, que o vestiu de carne e o deu ao mundo" (*Angelus*, 8/4/1984).

## Rezemos

Salve, Rainha, mãe de misericórdia, vida, doçura, esperança nossa, salve! A vós bradamos, os degredados filhos de Eva. A vós suspiramos, gemendo e chorando neste vale de lágrimas. Eia, pois, advogada nossa, esses vossos olhos misericordiosos a nós volvei. E, depois deste desterro, nos mostrai Jesus, bendito fruto do vosso ventre. Ó clemente, ó piedosa, ó doce Virgem Maria.

E vós, Pai celeste, dignai-vos conceder por intercessão de São João Paulo II as graças que neste momento vos pedimos (*fazer o pedido*). Por Cristo Senhor nosso. Amém.

Pai-Nosso, Ave-Maria, Glória-ao-Pai.

# OITAVO DIA

## "Eis o pão da vida"

Em nome do Pai, do Filho e do Espírito Santo. Amém.

### Oração

Ó Trindade Santa, nós vos agradecemos por ter dado à Igreja o Papa João Paulo II e por ter feito resplandecer nele a ternura da vossa paternidade, a glória da cruz de Cristo e o esplendor do Espírito de Amor. Confiando totalmente na vossa infinita misericórdia e na materna intercessão de Maria, ele foi para nós uma imagem viva de Jesus Bom Pastor, indicando-nos a santidade como a mais alta medida da vida cristã ordinária, caminho para alcançar a comunhão eterna convosco. Segundo a

vossa vontade, concedei-nos, por sua intercessão, a graça que imploramos. Amém.

## Palavra de Deus

"Jesus tomou o pão, pronunciou a bênção, partiu-o e lhes deu, dizendo: 'Tomai, isto é o meu corpo'. Depois, pegou o cálice, deu graças, passou-o a eles, e todos beberam. E disse-lhes: 'Este é o meu sangue da nova Aliança, que é derramado por muitos'" (Mc 14,22-24).

## Palavra de João Paulo II

"Unindo-se a Cristo, o povo da nova aliança não se fecha em si mesmo; pelo contrário, torna-se sacramento para a humanidade, sinal e instrumento da salvação realizada por Cristo, luz do mundo e sal da terra para a redenção de todos... A Igreja busca a força espiritual de que necessita na perpetuação do sacrifício da cruz na Eucaristia e na comunhão do corpo e sangue de Cristo. A Eucaristia apresenta-se como *fonte* e simultaneamente *vértice* de toda a evangelização, porque o seu fim é a comunhão dos homens com Cristo e, nele, com o Pai e com o Espírito Santo" (*Ecclesia de Eucharistia*, n. 21).

Rezemos

Deus nosso Pai, vosso Filho nos amou até o fim e permaneceu conosco na Eucaristia. Que o *Amém* que pronunciamos ao receber o Corpo e Sangue de nosso Senhor disponha-nos a um serviço humilde aos nossos irmãos famintos de amor. A comunhão com a Igreja dos redimidos no céu é expressa e fortalecida na Eucaristia, por isso, vos pedimos, por intercessão de São João Paulo II, as graças de que necessitamos hoje (*fazer o pedido*). Por Cristo Senhor nosso. Amém.

Pai-Nosso, Ave-Maria, Glória-ao-Pai.

# NONO DIA

## "Que todos sejam um"

Em nome do Pai, do Filho e do Espírito Santo. Amém.

Oração

Ó Trindade Santa, nós vos agradecemos por ter dado à Igreja o Papa João Paulo II e por ter feito resplandecer nele a ternura da vossa paternidade, a glória da cruz de Cristo e o esplendor do Espírito de Amor. Confiando totalmente na vossa infinita misericórdia e na materna intercessão de Maria, ele foi para nós uma imagem viva de Jesus Bom Pastor, indicando-nos a santidade como a mais alta medida da vida cristã ordinária, caminho para alcançar a comunhão eterna convosco. Segundo a

vossa vontade, concedei-nos, por sua intercessão, a graça que imploramos. Amém.

## Palavra de Deus

"Que todos sejam um, como tu, Pai, estás em mim, e eu em ti. Que eles estejam em nós, a fim de que o mundo creia que tu me enviaste" (Jo 17,21).

## Palavra de João Paulo II

"Sacramento de piedade, sinal de unidade, vínculo de caridade! A exclamação de Santo Agostinho no seu comentário ao Evangelho de João reúne e sintetiza as palavras que Paulo dirigiu aos Coríntios: 'Porque há um só pão, nós, embora muitos, somos um só corpo, pois todos participamos desse único pão' [1Cor 10,17]. A Eucaristia é o sacramento e a fonte da unidade eclesial: 'Da mesma forma que este pão partido se tinha dispersado pelos montes e, recolhido, se tornou uma só realidade, de igual modo se congregue no teu Reino a tua Igreja, desde os confins da terra'" (Audiência, 8/11/2000).

Rezemos

Deus da esperança, nós te louvamos pelo dom que nos deste na Ceia do Senhor, onde, no Espírito, continuamos a encontrar teu Filho Jesus Cristo, o pão vivo do céu. Perdoa por não sermos dignos desse grande dom – por vivermos desunidos, por sermos coniventes com as desigualdades e complacentes com a separação. Senhor, rezamos para que apresses o dia em que a tua Igreja possa partilhar em conjunto a fração do pão e para que, enquanto esperamos esse dia, possamos aprender mais profundamente a ser um povo formado pela Eucaristia para o serviço em benefício do mundo (*fazer o pedido*). Por Cristo Senhor nosso. Amém.

Pai-Nosso, Ave-Maria, Glória-ao-Pai.

# Oração de João Paulo II a São Francisco de Assis

"Ó São Francisco, estigmatizado no Monte Alverne, o mundo tem saudades de ti qual imagem de Jesus crucificado. Tem necessidade do teu coração aberto para Deus e para o ser humano, dos teus pés descalços e feridos, das tuas mãos traspassadas e implorantes. Tem saudades da tua voz fraca, mas forte pelo poder do Evangelho.

Ajuda, Francisco, os homens de hoje a reconhecerem o mal do pecado e a procurarem a sua purificação na penitência. Ajuda-os a libertarem-se das próprias estruturas do pecado, que oprimem a sociedade de hoje. Reaviva na consciência dos governantes a urgência da paz nas nações e entre os povos. Infunde nos jovens o teu vigor de vida, capaz de contrastar as insídias das múltiplas culturas da morte. Aos ofendidos por toda espécie de maldade, comunica, Francisco, a tua alegria de saber perdoar. A todos os crucificados pelo sofrimento, pela fome e pela guerra, reabre as portas da esperança.

Amém."

# Oração de Jesus pela unidade

"Eu não rogo somente por eles, mas também por aqueles que vão crer em mim pela palavra deles. Que todos sejam um, como tu, Pai, estás em mim, e eu em ti. Que eles estejam em nós, a fim de que o mundo creia que tu me enviaste. Eu lhes dei a glória que tu me deste, para que eles sejam um, como nós somos um: eu neles, e tu em mim, para que sejam perfeitamente unidos, e o mundo conheça que tu me enviaste e os amaste como amaste a mim.

Pai, quero que estejam comigo aqueles que me deste, para que contemplem a minha glória, a glória que tu me deste, porque me amaste antes da criação do mundo.

Pai justo, o mundo não te conheceu, mas eu te conheci, e estes conheceram que tu me enviaste. Eu lhes fiz conhecer o teu nome, e o farei conhecer ainda, para que o amor com que me amaste esteja neles, e eu mesmo esteja neles" (Jo 17,20-26).

# NOSSAS DEVOÇÕES
(Origem das novenas)

De onde vem a prática católica das novenas? Entre outras, podemos dar duas respostas: uma histórica, outra alegórica.

Historicamente, na Bíblia, no início do livro dos Atos dos Apóstolos, lê-se que, passados quarenta dias de sua morte na Cruz e de sua ressurreição, Jesus subiu aos céus, prometendo aos discípulos que enviaria o Espírito Santo, que lhes foi comunicado no dia de Pentecostes.

Entre a ascensão de Jesus ao céu e a descida do Espírito Santo, passaram-se nove dias. A comunidade cristã ficou reunida em torno de Maria, de algumas mulheres e dos apóstolos. Foi a primeira novena cristã. Hoje, ainda a repetimos todos os anos, orando, de modo especial, pela unidade dos cristãos. É o padrão de todas as outras novenas.

A novena é uma série de nove dias seguidos em que louvamos a Deus por suas maravilhas, em particular, pelos santos, por cuja intercessão nos são distribuídos tantos dons.

Alegoricamente, a novena é antes de tudo um ato de louvor ao Pai, ao Filho e ao Espírito Santo, Deus três vezes Santo. Três é número perfeito. Três vezes três, nove. A novena é louvor perfeito à Trindade. A prática de nove dias de oração, louvor e súplica confirma de maneira extraordinária nossa fé em Deus que nos salva, por intermédio de Jesus, de Maria e dos santos.

O Concílio Vaticano II afirma: "Assim como a comunhão cristã entre os que caminham na terra nos aproxima mais de Cristo, também o convívio com os santos nos une a Cristo, fonte e cabeça de que provêm todas as graças e a própria vida do povo de Deus" (*Lumen Gentium*, 50).

*Nossas Devoções* procuram alimentar o convívio com Jesus, Maria e os santos, para nos tornarmos cada dia mais próximos de Cristo, que nos enriquece com os dons do Espírito e com todas as graças de que necessitamos.

*Francisco Catão*

## Coleção Nossas Devoções

- *Os Anjos de Deus: novena* – Francisco Catão
- *Dulce dos Pobres: novena e biografia* – Marina Mendonça
- *Francisco de Paula Victor: história e novena* – Aparecida Matilde Alves
- *Frei Galvão: novena e história* – Pe. Paulo Saraiva
- *Imaculada Conceição* – Francisco Catão
- *Jesus, Senhor da vida: dezoito orações de cura* – Francisco Catão
- *João Paulo II: novena, história e orações* – Aparecida Matilde Alves
- *João XXIII: biografia e novena* – Marina Mendonça
- *Maria, Mãe de Jesus e Mãe da Humanidade: novena e coroação de Nossa Senhora* – Aparecida Matilde Alves
- *Menino Jesus de Praga: história e novena* – Giovanni Marques Santos
- *Nhá Chica: Bem-aventurada Francisca de Paula de Jesus* – Aparecida Matilde Alves
- *Nossa Senhora Achiropita: novena e biografia* – Antonio Sagrado Bogaz e Rodinei Carlos Thomazella
- *Nossa Senhora Aparecida: história e novena* – Maria Belém
- *Nossa Senhora da Cabeça: história e novena* – Mario Basacchi
- *Nossa Senhora da Luz: novena e história* – Maria Belém
- *Nossa Senhora da Penha: novena e história* – Maria Belém
- *Nossa Senhora da Salete: história e novena* – Aparecida Matilde Alves
- *Nossa Senhora das Graças ou Medalha Milagrosa: novena e origem da devoção* – Mario Basacchi
- *Nossa Senhora de Caravaggio: história e novena* – Leomar A. Brustolin e Volmir Comparin
- *Nossa Senhora de Fátima: novena* – Tarcila Tommasi
- *Nossa Senhora de Guadalupe: novena e história das aparições a São Juan Diego* – Maria Belém
- *Nossa Senhora de Nazaré: novena e história* – Maria Belém
- *Nossa Senhora Desatadora dos Nós: história e novena* – Frei Zeca
- *Nossa Senhora do Bom Parto: novena e reflexões bíblicas* – Mario Basacchi

- *Nossa Senhora do Carmo: novena e história* – Maria Belém
- *Nossa Senhora do Desterro: história e novena* – Celina Helena Weschenfelder
- *Nossa Senhora do Perpétuo Socorro: história e novena* – Mario Basacchi
- *Nossa Senhora Rainha da Paz: história e novena* – Celina Helena Weschenfelder
- *Novena à Divina Misericórdia* – Tarcila Tommasi
- *Novena das Rosas: história e novena de Santa Teresinha do Menino Jesus* – Aparecida Matilde Alves
- *Novena em honra ao Senhor Bom Jesus* – José Ricardo Zonta
- *Ofício da Imaculada Conceição: orações, hinos e reflexões* – Cristóvão Dworak
- *Orações do cristão: preces diárias* – Celina Helena Weschenfelder
- *Padre Pio: novena e história* – Maria Belém
- *Paulo, homem de Deus: novena de São Paulo Apóstolo* – Francisco Catão
- *Reunidos pela força do Espírito Santo: novena de Pentecostes* – Tarcila Tommasi
- *Rosário dos enfermos* – Aparecida Matilde Alves
- *Rosário por uma transformação espiritual e psicológica* – Gustavo E. Jamut
- *Sagrada Face: história, novena e devocionário* – Giovanni Marques Santos
- *Sagrada Família: novena* – Pe. Paulo Saraiva
- *Sant'Ana: novena e história* – Maria Belém
- *Santa Cecília: novena e história* – Frei Zeca
- *Santa Edwiges: novena e biografia* – J. Alves
- *Santa Filomena: história e novena* – Mario Basacchi
- *Santa Gemma Galgani: história e novena* – José Ricardo Zonta
- *Santa Joana d'Arc: novena e biografia* – Francisco de Castro
- *Santa Luzia: novena e biografia* – J. Alves
- *Santa Maria Goretti: história e novena* – José Ricardo Zonta
- *Santa Paulina: novena e biografia* – J. Alves
- *Santa Rita de Cássia: novena e biografia* – J. Alves

- *Santa Teresa de Calcutá: biografia e novena* – Celina Helena Weschenfelder
- *Santa Teresinha do Menino: novena e biografia* – Jesus Mario Basacchi
- *Santo Afonso de Ligório: novena e biografia* – Mario Basacchi
- *Santo Antônio: novena, trezena e responsório* – Mario Basacchi
- *Santo Expedito: novena e dados biográficos* – Francisco Catão
- *Santo Onofre: história e novena* – Tarcila Tommasi
- *São Benedito: novena e biografia* – J. Alves
- *São Bento: história e novena* – Francisco Catão
- *São Brás: história e novena* – Celina Helena Weschenfelder
- *São Cosme e São Damião: biografia e novena* – Mario Basacchi
- *São Cristóvão: história e novena* – Mário José Neto
- *São Francisco de Assis: novena e biografia* – Mario Basacchi
- *São Francisco Xavier: novena e biografia* – Gabriel Guarnieri
- *São Geraldo Majela: novena e biografia* – J. Alves
- *São Guido Maria Conforti: novena e biografia* – Gabriel Guarnieri
- *São José: história e novena* – Aparecida Matilde Alves
- *São Judas Tadeu: história e novena* – Maria Belém
- *São Marcelino Champagnat: novena e biografia* – Ir. Egídio Luiz Setti
- *São Miguel Arcanjo: novena* – Francisco Catão
- *São Pedro, Apóstolo: novena e biografia* – Maria Belém
- *São Roque: novena e biografia* – Roseane Gomes Barbosa
- *São Sebastião: novena e biografia* – Mario Basacchi
- *São Tarcísio: novena e biografia* – Frei Zeca
- *São Vito, mártir: história e novena* – Mario Basacchi
- *A Senhora da Piedade: setenário das dores de Maria* – Aparecida Matilde Alves
- *Tiago Alberione: novena e biografia* – Maria Belém